NORD SÜD VERLAG

Für alle, die neu beginnen.

Fürchtet euch nicht! Siehe, ich
verkündige euch große Freude…

Nun aber bleibt Glaube, Hoffnung, Liebe,
diese drei; die größte aber von diesen ist die Liebe.
1. Kor. 13, 13

Lektorat Brigitte Hanhart Sidjanski

Druck: Editoriale Lloyd s.r.l., Trieste
ISBN 3 314 00658 6

2 3 4 5 6 03 02 01 00 99

ELEONORE SCHMID

DIE WEIHNACHTS GESCHICHTE

NORD-SÜD VERLAG

Es begab sich aber zu der Zeit, dass ein Gebot von dem Kaiser Augustus ausging, dass alle Welt geschätzt würde. Und diese Schätzung war die

allererste und geschah zur Zeit, da Cyrenius Land-
pfleger in Syrien war. Und jedermann ging, dass er
sich schätzen ließe, ein jeglicher in seine Stadt.

Da machte sich auf auch Joseph aus Galiläa, aus der Stadt Nazareth, in das jüdische Land zur Stadt Davids, die da heißt Bethlehem, darum dass er von

dem Hause und Geschlechte Davids war, auf dass er sich schätzen ließe mit Maria, seinem vertrauten Weibe, die war schwanger.

Und als sie daselbst waren, kam die Zeit, da sie gebären sollte.

Und sie gebar ihren ersten Sohn und wickelte ihn in Windeln und legte ihn in eine Krippe; denn sie hatten sonst keinen Raum in der Herberge.

Und es waren Hirten in derselben Gegend auf dem Felde bei den Hürden, die hüteten des Nachts ihre Herde. Und siehe, des Herrn Engel trat zu ihnen,

und die Klarheit des Herrn leuchtete um sie;
und sie fürchteten sich sehr.

Und der Engel sprach zu ihnen: Fürchtet euch nicht! Siehe, ich verkündige euch große Freude, die allem Volk widerfahren wird; denn euch ist heute der Heiland geboren, welcher ist Christus, der Herr, in der Stadt Davids. Und das habt zum Zeichen: Ihr werdet finden das Kind in Windeln gewickelt und in einer Krippe liegen.

Und alsbald war da bei den Engeln die Menge
der himmlischen Heerscharen, die lobten Gott
und sprachen: Ehre sei Gott in der Höhe und Friede
auf Erden und den Menschen ein Wohlgefallen!

Und da die Engel von ihnen gen Himmel fuhren,
sprachen die Hirten untereinander: Lasst uns nun

gehen nach Bethlehem und die Geschichte sehen,
die uns der Herr kundgetan hat.

Und sie kamen eilend und fanden beide, Maria
und Joseph, dazu das Kind in einer Krippe liegen.

Da sie es aber gesehen hatten, breiteten sie das Wort aus, welches zu ihnen von diesem Kind gesagt war. Und alle, vor die es kam, wunderten sich der Rede, die ihnen die Hirten gesagt hatten.

Maria aber behielt alle
diese Worte und bewegte
sie in ihrem Herzen.

Und die Hirten kehrten wieder um, priesen und lobten Gott um alles, was sie gehört und gesehen hatten, wie denn zu ihnen gesagt war.

Die KLEINEN RIESEN aus dem Nord-Süd Verlag

Zu Weihnachten

Scheidl - Pfister
Die vier Lichter des Hirten Simon

Scheidl - Bernadette
Ein Esel geht nach Bethlehem

Józef Wilkoń
Die Herberge zu Bethlehem

Eleonore Schmid
Die Weihnachtsgeschichte

Zu Sankt Nikolaus

Siegenthaler - Pfister
Wie Sankt Nikolaus einen Gehilfen fand

Eleonore Schmid
Wach auf, Siebenschläfer, Sankt Nikolaus ist da

Richter - Wilkoń
Sankt Nikolaus kommt!

Johnson - Bernadette
Ein ganz verrückter Nikolaustag